3/6 20 (4?)

2,50

Dik

MEMOIRE
SIGNIFIÉ

POUR les Prieur & Religieux de l'Abbaye Royale de Saint Germain-des-Prés à Paris, Seigneurs fonciers & hauts, moyens & bas Justiciers de Suresne.

CONTRE les Habitans, Corps & Communauté dudit Village dè Suresne.

L A contestation sur laquelle la Cour est sur le point de prononcer, est en quelque sorte la cause commune de tous les Seigneurs. L'esprit d'indépendance qui anime les Habitans de Suresne, leur fait méconnoître les droits Seigneuriaux les plus constans & les mieux établis : ils voudroient enlever d'un seul coup, à l'Abbaye de Saint Germain-des-Prés, dont ils sont les Censitaires & les Justiciables, 1°. la *bannalité* de son *four*; 2°. son

A

droit de *voyerie* ; 3°. fon droit d'*affifes* à Surefne. Peut-
être même ne s'en tiendroient-ils pas à ces premieres
entreprifes , fi elles pouvoient être couronnées de
quelque fuccès.

Mais comme leurs tentatives à ces différens égards
n'ont d'autre point d'appui que des clameurs fans fondement , & des faits fans exactitude ; il ne fera pas
difficile de renverfer un édifice par lui - même auffi
chancelant. Reprenons donc à cet effet féparément
chacun des trois objets conteftés.

PREMIER OBJET

Concernant la bannalité de four.

Les Habitans de Surefne voudroient fécouer le joug
de la bannalité du four Seigneurial , quoiqu'elle foit
auffi ancienne que la Seigneurie même , à la faveur
de l'article 71, de la Coutume de Paris : ils fe fondent
fur ce que cet article n'admet point la poffeffion ,
quelque longue qu'elle foit , pour preuve de la bannalité , & qu'il ne permet pas , felon eux , qu'elle
puiffe être établie autrement que par titre.

Quelque plaufible que paroiffe au premier abord
cet argument , l'Abbaye de Saint Germain-des-Prés y
oppofe néanmoins deux réponfes également déci-
fives & victorieufes.

L'une eft de dire que l'article 71 ayant été ajouté à
la Coutume de Paris lors de fa reformation en 1580,
& y ayant été introductif d'un droit nouveau fur cette
matiere, ce n'eft point par cet article ajouté qu'il faut

juger de la légitimité de la bannalité du four de Surefne, bien antérieure à l'époque de la réformation
de la Coutume, mais par les principes du droit ancien
Coutumier, qui avoit lieu avant cette époque.

Elle ajoute, d'un autre côté, que cette bannalité
n'en feroit pas moins inconteftable, quand bien même on la difcuteroit d'après la nouvelle difpofition de
l'article 71, fur lequel fes Adverfaires fondent tout
leur fyftême de défenfe fur cet objet.

Quant au premier de ces deux moyens, perfonne PREMIER MOYEN.
ne peut révoquer en doute qu'une Loi nouvelle n'eft
obligatoire que du jour de fa promulgation. Par conféquent l'article 71 de la Coutume de Paris y ayant
été conftament ajouté lors de fa reformation, ce n'eft
point à cet article, mais à la Jurifprudence antérieure
qu'il faut avoir recours, lorfqu'il s'agit d'une bannalité plus ancienne que l'époque de la reformation
de la Coutume.

Or, fi l'on confulte d'abord fur le droit de bannalité en général l'un de nos plus anciens monumens
hiftoriques, la *collection des anciennes Ordonnances*
recueillies par du Cange, & connues fous la déno-
mination d'*établiffemens de Saint Louis*, on y lit,
chap. 106 : *fi hom avoit molin qui eut voyerie, ils
doivent maure dans fon molin luites qui font dans la
banlieu ;* & au chapitre 108 eft ajouté, *fi aucun
Bert* (ou Baron) *qui ait Vavaffor en fa Chatellenie,&
led. Vavaffor n'ait point de molin,& luit-ci hommes coutumiers moudront au molin du Baron.* Rien ne prouve
mieux que la bannalité de moulin étoit alors attachée,

de droit commun coutumier , à la Seigneurie , que cette progreſſion de ſujettion. Le Seigneur ayant droit de voyerie avoit la bannalité , & ſes hommes coutumiers étoient obligés de moudre à ſon moulin, Mais s'il n'avoit point de moulin, ſes hommes coutumiers n'étoient pas pour cela affranchis de la bannalité ; ils étoient en ce cas tenus d'aller moudre au Moulin du Baron , ou Seigneur Suzerain , duquel relevoit leur Seigneur.

C'eſt ce qu'atteſte auſſi l'un de nos plus anciens Jurifconſultes , Bouthillier, dans ſa *Somme rurale* qui contient le précis de notre ancien Droit Coutumier , & qui par cette raiſon eſt regardée comme un de nos plus précieux Traités de Juriſprudence ancienne. Cet Auteur, ſi généralement eſtimé , & qui étoit d'autant mieux inſtruit de la Juriſprudence de ſon temps , qu'il étoit Conſeiller en la Cour , s'exprime ainſi, à la fin du titre du *droit aux banniers. Du droit aux banniers te veuille dire & montrer ce que vu & oui en ai par les ſages Coutumiers : car ce giſt plus en fait coutumier qu'en Droit Écrit. Sache que ſelon l'uſage de Courlaye & de Coutumiere , ſoit en Juſtice , moyenne ou baſſe , bien peut & doit avoir droit de bannieres , c'eſt-à-dire qu'il y a en icelle Terre & Juſtice , droit Seigneurial que nul des Sujets ne peut, ne doit aller cuire pain , fors au four du Seigneur , deſſous lequel ce droit de bannieres , eſt & appartient. Ne auſſi ne doit, ne peut aller moudre ſon bled , ſinon au moulin d'icelui Seigneur.*

Boërius, Décif. 125 , *Sofinus*, Conſult. 272 , aſſurent le même point de fait. En un mot , pour ne

5

point ici fatiguer la Cour d'un plus grand nombre de citations, tous les anciens Auteurs féudiftes ont tenu pour maxime conftante de leur temps, que *Dominus habens omnimodam Jurifdictionem, poteft prohibere fubditis fuis, ne vadant ad alium molendinum, quam ad molendinum fuæ Jurifdictionis.*

Dans la fuite nos Coutumes ayant été rédigées par écrit (projet utile qui n'a commencé à être mis à exécution que fous Charles VIII, l'an 1453) on y a conservé, du moins dans un très - grand nombre *, la bannalité comme une dépendance néceffaire de la haute Juftice.

Dans d'autres on a fuppofé le droit de bannalité ; & en conféquence on en a reglé l'ufage : de ce nombre font la Coutume d'Artois & toutes celles de Picardie.

D'autres enfin, n'ont fait de ce droit aucune forte de mention, ni directe ni indirecte ; & dans cette dernier claffe de Coutumes, la bannalité n'a pas lieu de droit ; mais il fuffit d'en être en poffeffion trentenaire pour y être maintenu, cette poffeffion ayant toujours eu, dans nos principes généraux, force de titre pour acquérir toutes fortes de droits, & pour s'en libérer.

La Coutume de Paris, de même que celle d'Orléans, ont été dans cette derniere claffe jufqu'au moment où leur reformation a été entreprife. Mais les Magiftrats qui ont préfidé à cette reformation, animés du defir louable de donner la plus grande étendue poffible à la liberté légitime des Citoyens, ajoutèrent, dans cette vue, aux deux Coutumes de Paris &

* Touraine, Anjou, Maine, grandperche, la Marche, Poitou, Angoumois, Saintonge, Lodunois, Mezieres, Ofoy-le-Ferou, Buzançois, Saint-Gengoux, Mazieres, Saint-Cyran, l'Ifle-Savari, &c.

d'Orléans, qui furent reformées à la fuite l'une de l'autre, la difpofition dont les Habitans de Surefne argumentent aujourd'hui ; auffi eft-elle uniforme dans ces deux Coutumes. Dans la Coutume de Paris, art. 71, elle eft conçue en ces termes : *nul Seignenr ne peut contraindre fes Sujets d'aller au four ou moulin qu'il prétend bannal, ou faire corvées, s'il n'en a titre valable, ou aveu & dénombrement ancien.*

Cette alternative donnée, par ce nouvel article, aux Seigneurs de juftifier la bannalité de four ou de moulin par eux prétendu, foit par titre, foit par un aveu & dénombremont ancien rélativement à l'époque de la reformation de la Coutume, prouve fans réplique qu'avant cette époque la bannalité fe juftifioit par les feuls actes poffeffoires, fans qu'il fût néceffaire alors de rapporter le titre conftitutif.

En effet, au moyen de ce que, d'une part, la nouvelle difpofition jugeoit à propos de mettre les bannalités & les corvées au nombre des fervitudes, & que, de l'autre, l'article 196, qui étoit de l'ancienne Coutume, décidoit que les fervitudes en général ne peuvent s'acquérir que par titre, pour rendre ces deux difpofitions, ancienne & nouvelle, de la Coutume, conféquentes & analogues l'une à l'autre, il auroit fallu pareillement, dans l'article 71 ajouté lors de la reformation, n'admettre le Seigneur à prouver le droit de bannalité que par *titre.* Pourquoi donc cet article lui accorde-t-il la faculté de le juftifier auffi par un fimple *aveu & dénombrement*, qui non-feulement n'eft qu'un acte poffeffoire, mais encore l'acte poffeffoire le moins rélatif aux Habitans ? Com-

me les Réformateurs étoient fans contredit des Magiftrats très-éclairés, ils n'ont certainement point
accordé au Seigneur cette alternative de preuves fi
différentes & fi difproportionnées, fans un très-puif-
fant motif; & ce motif n'a pu être autre, fi ce n'eft
qu'il auroit été de la plus fouveraine injuftice, de donner un effet retroactif à la nouvelle difpofition qu'ils
introduifoient dans la Coutume, en mettant les Seigneurs qui étoient, à l'époque de la reformation, en
paifible poffeffion de la bannalité, dans la néceffité
d'en rapporter le titre conftitutif; ce qui auroit été
alors vraifemblablement impraticable pour la plûpart
d'entr'eux.

L'article 71 n'eft donc point, comme le fuppo-
fent les Habitans de Surefne, fimplement déclaratif
d'un droit ancien; c'eft une difpofition clairement
& évidemment introductive d'un Droit nouveau. Et
par une conféquence néceffaire, c'eft à la Jurifprudence qui avoit lieu dans la Coutume de Paris avant
ce nouveau Droit, qu'il faut avoir recours, pour dé-
cider de la validité ou invalidité d'une bannalité dont
l'exiftence remonte à une époque antérieure à la reformation de la Coutume.

Or, dans le fait particulier, l'Abbaye de Saint Germain-des-Prés adminiftre la preuve littérale que, bien
antérieurement à l'époque de la reformation de la
Coutume de Paris, elle eft en pleine & entiere poffeffion du droit de bannalité dont il s'agit.

Cette preuve réfulte de quatre actes très anciens.

Le premier eft un bail fait le 15 Juin 1439, par
Hervé, Abbé de Saint Germain-des-Prés & fa Com-

munauté à Geoffroi Pillier, Laboureur à Surefne &
fa femme, du four bannal de Surefne.

Le fecond eft une Sentence rendue au Chatelet de
Paris le 21 Juin 1531, contradictoirement entre les
Abbé & Religieux de S. Germain-des-Prés, & quatre
Habitans de Surefne y dénommés, laquelle a ordonné
que les fours de ces particuliers feroient démolis, avec
défenfes à eux de porter dorefnavant leur pâtes ailleurs qu'au four bannier, à peine de 3 livres Parifis
d'amende.

Le troifiéme eft un Arrêt de la Cour, intervenu le
5 Février 1532 entre les mêmes Parties, & fur les
conclufions de M. le Procureur Général, confirmatif
de la Sentence ci-deffus, avec dépens.

Le quatriéme eft un procès verbal d'exécution de
la Sentence & de l'Arrêt fus énoncés, lequel conftate
que l'Huiffier, porteur des pièces, a fait démolir publiquement & en préfence des Particuliers condamnés, les quatre fours dont étoit queftion.

Il ne faut point laiffer échapper deux obfervations
importantes, particulieres à deux de ces quatre piéces.
L'une c'eft que le bail de 1438 eft non-feulement
antérieur à la rédaction primitive de la Coutume de
Paris, qui n'a eu lieu qu'en 1510, mais même qu'il
l'eft au temps où l'on a entrepris pour la 1re fois de ré-
diger par écrit les Coutumes du Royaume, la 1re redi-
gée étant celle de Ponthieu, qui ne l'a été qu'en 1453.
La feconde obfervation c'eft que dans le préambule de
la Sentence du Châtelet de 1531, eft vifée la de-
mande des Abbé & Religieux de Saint Germain-des-
Prés, & qu'elle y eft fondée fur ce qu'ils avoient
à Surefne,

à Surefne, *droit de four bannier, auquel tous les Habitans dudit lieu étoient sujets & avoient accoutumé, comme font tenus de temps immémorial, porter, cuire & faire cuiffons de pain, fans qu'il leur fût permis, directement ou indirectement ériger four en leur maifon.*

Il doit donc demeurer pour conftant, que le droit de bannalité de four appartenant à l'Abbaye de Saint Germain-des-Prés à Surefne, non-feulement exiftoit avant la reformation de la Coutume de Paris en 1580, & conféquemment dans le temps où la poffeffion fuffifoit pour acquerir & conferver la bannalité dans cette Coutume, mais même dans le temps où la bannalité étoit par tout le Royaume, un droit Seigneurial ordinaire, effentiellement attaché à la haute Juftice.

Nous pourrions fans doute nous en tenir à ce premier moyen, feul capable de trancher toute difficulté fur la bannalité en queftion. Mais comme nous fommes en état de forcer les Habitans de Surefne dans tous les retranchemens où ils tenteront de fe refugier, nous allons leur démontrer fubfidiairement que la bannalité contentieufe entre les Parties, rapprochée même de la difpofition de l'article 71, ajouté à la Coutume de Paris, n'a pas befoin d'autre appui que de cette difpofition même, pour fortir victorieufe des attaques qu'on ofe lui porter; & c'eft notre fecond moyen.

La Cour fe rappelle que l'article 71 n'autorife les Seigneurs à contraindre leurs fujets d'aller au four ou moulin qu'ils prétendent bannal qu'autant qu'ils auroient, ou titre valable, ou un aveu & dénombrement

SECOND MOYEN.

B

ancien ou cette bannalité auroit été reportée par eux
à leur Seigneur fuzerain ; l'article ajoute , *& n'eſt reputé titre valable* , *s'il n'eſt auparavant vingt-cinq
ans.* Nos Adverſaires ont prétendu que cette derniere
partie de la diſpoſition devoit s'appliquer au titre qui
devoit être , ſelon eux , antérieur de 25 ans à l'époque de la reformation, & non pas à l'aveu & dénombrement.

Nous ſoutenons au contraire , & avec bien plus de
fondement , que cette antériorité de 25 ans, à l'époque de la reformation de la Coutume , doit s'appliquer à l'aveu & dénombrement. Car il eſt conſtant
que lorſque la bannalité eſt fondée ſur un titre conſtitutif régulier, il eſt indifférent qu'il ſoit ancien ou
qu'il ſoit nouveau : il n'en doit pas moins avoir , dans
tous les cas, ſa pleine & entiere exécution , lorſqu'il
a d'ailleurs tous les caractères néceſſaires pour en
aſſurer la légitimité. Il n'eſt donc pas vrai de dire ,
qu'un pareil titre conſtitutif ne pourroit être valable,
qu'autant qu'il ſeroit antérieur de 25 ans à la reformation de la Coutume , puiſqu'il eſt permis de conſ-
tituer tous les jours une bannalité , lorſque c'eſt du
conſentement & pour l'avantage de ceux qui y doivent y être aſſujettis. Par conſéquent cette antériorité
de 25 ans à la reformation de la Coutume, ne peut
regarder, dans l'article 71 , que l'aveu & dénombrement que l'on y exige être *ancien* ; & c'eſt pour dé-
terminer quel doit être ce degré d'ancienneté dans
l'aveu & dénombrement, pour qu'il puiſſe être *reputé
titre valable*, que les Reformateurs ont ajouté qu'il
ne peut être réputé tel, *s'il n'eſt auparavant 25 ans.*

Au furplus cette diſſertation devient en elle-même
très-ſuperflue : car , que la derniere partie de l'art. 71
doive s'appliquer au *titre* ou à l'*aveu & dénombrement*,
il n'en eſt pas moins vrai de dire que, ſuivant la premiere
partie du même article , le Seigneur peut juſtifier ſon
droit de bannalité de deux manieres ; ou par *titre*,
ou par un *aveu & dénombrement, ancien* relativement
à l'époque de la réformation de la Coutume.

·Nous ne rapportons , à la vérité , ni titre ni aveu
& dénombrement ; mais nous ſuppléons au défaut de
repréſentation d'aveu & dénombrement ancien , par
des actes beaucoup plus qu'équivalens. Ce ſont les
quatre actes dont nous avons déja fait uſage dans le
premier moyen , & qui ſont le bail du four bannal de
Sureſne de 1436 , la Sentence & l'Arrêt confirmatif
de 1531 & de 1532 , & le procès - verbal d'exécution.

Inutilement oppoſe-t-on que l'article 71 exige un
aveu & dénombrement , & non pas des actes équivalens. C'eſt vouloir trop judaïquement interpréter cet
article. N'eſt-ce pas en effet un principe inconteſtable
en matiere d'interprétation de Loix , qu'il faut plutôt
s'attacher à l'eſprit qu'à la lettre , pour en faire une
juſte & ſolide application ?

Or , quelle a été l'intention des Réformateurs de
la Coutume de Paris , lorſqu'ils ont admis les Seigneurs à juſtifier le droit de bannalité par un ſimple
aveu & dénombrement , pourvu que cet aveu fût
antérieur de vingt-cinq ans à l'époque de la réformation de la Coutume? Ils n'ont pu évidemment en avoir

B ij

eu d'autre , fi ce n'eſt que tous les actes poſſeſſoires
feroient fuffifans pour la juſtification de ce droit, lorſqu'ils auroient l'ancienneté requiſe par la Coutume ;
même ceux de ces actes poſſeſſoires qui feroient les
plus indirects aux fujets à la bannalité, tels qu'un aveu
& dénombrement qui , n'étant par ſa nature , relatif
qu'au Propriétaire du Fief dominant & à celui du Fief
fervant , eſt conféquent, à l'égard des Bannaliſtes, *res
inter alios acta.*

Par conféquent fi un acte poſſeſſoire, qui leur eſt
auffi étranger , ne laiſſe pas de faire preuve contre
eux en faveur de la bannalité, à combien plus forte
raiſon les autres actes poſſeſſoires , qui leur ſont plus
relatifs, doivent-ils produire le même effet, lorſque
ces actes ont d'ailleurs les caractères d'antiquité
qu'exige la Coutume ! Eh ! feroit - il poſſible d'en ad-
miniſtrer de plus directs , de plus forts & de plus anciens que ceux qui ſont produits par les Prieur &
Religieux de l'Abbaye Saint Germain ? Ce ne ſont
point même de ſimples actes poſſeſſoires; ce ſont des
actes qui portent avec eux l'autorité de la choſe jugée. Qu'on ne diſe point que, la Sentence de 1531,
& l'Arrêt confirmatif de 1532 n'étant intervenus
que contre quatre des Habitans de Sureſne, ils ne ſont
point loi vis-à-vis du général des Habitans. Foible
reſſource qu'une pareille objection ! Car, lorſqu'un
Seigneur eſt troublé dans l'exercice de quelques-uns
de ſes droits, il ne lui eſt permis d'actionner & de
faire condamner que les Auteurs du trouble; il feroit
non-recevable à attaquer, ſoit en général, ſoit en
particulier, les autres Habitans, qui le ſervent exac-

tement de ses droits. Les Abbé & Religieux de Saint Germain n'ont donc pu poursuivre en 1531 & 1532, que ceux des Habitans qui se refusoient à leur bannalité & avoient fait construire chez eux des fours particuliers. Mais le Corps des Habitans a d'autant moins pu prétendre cause d'ignorance de ces condamnations, qu'elles ont été exécutées publiquement à Suresne, par la démolition forcée qui y a été faite, en exécution de la Sentence & de l'Arrêt, des fours des quatre Particuliers condamnés, comme s'étant refusés à les faire démolir d'eux-mêmes. C'étoit au Corps des Habitans, s'ils eussent voulu contester alors le droit de bannalité, comme ils le font aujourd'hui; ou à faire cause commune avec ces quatre Particuliers, en intervenant dans la contestation, avant la condamnation; ou, depuis la condamnation, à former une tierce-opposition à l'Arrêt, en Corps de Communauté. Ils ne l'ont point fait; ils ont au contraire continué de servir le Droit de bannalité, & conséquemment ils sont présumés avoir tacitement acquiescé aux condamnations prononcées contre les quatre Particuliers par la Sentence & l'Arrêt de 1531 & 1532.

Cette présomption d'acquiescement du Corps des Habitans, non-seulement se fortifie, mais elle devient même une démonstration, à la faveur des actes & Jugemens qui ont suivi.

Le premier en date, & le plus décisif, est une transaction judiciaire & sur procès, passée le 19 Décembre 1650, entre la Communauté des Habitans de Suresne & les Religieux de Saint Germain-des-Prés, par laquelle, à la priere defdits Habitans, les Religieux ont bien voulu fe défifter en leur faveur de la bannalité de preffoir, du droit de banvin & de celui de foirage dont ils étoient en poffeffion, même moderer le cens de chaque maifon à 4 deniers parifis, & chaque arpent d'enclos à 6 deniers ; mais les Religieux de Saint Germain s'y font en même temps fpécialement réfervé leurs autres droits feigneuriaux, & notamment la *bannalité de four* : & la Communauté des Habitans de Surefne, bien loin de s'y oppofer, ou de faire aucunes proteftations contraires à cette réferve, y a au contraire expreffément acquiefcé, en ces termes ; *ce qui a été accepté & confenti par lefdits Habitans de Surefne.*

Voila donc un acte bien contradictoire entre le Seigneur & les Habitans de Surefne, par lequel ces derniers confentent à ce que l'Abbaye de S. Germain, leur Seigneur, conferve la bannalité de fon four, moyennant & en faveur des autres facrifices qu'elle a bien vonlu leur faire par le même acte ; & cet acte eft, de tous les actes, le plus refpectable dans la Société civile, puifque c'eft une tranfaction fur procès contre laquelle nos Ordonnances ne permettent jamais de reclamer, quelque foit la léfion qu'on y éprouve. Ne feroit-il donc pas conféquemment feul capable de former un titre juftificatif de la bannalité dont eft queftion, & tel qu'exige l'art. 71 de la nouvelle Coutume de Paris, quand bien même l'Abbaye de Saint Germain - des Prés ne feroit point en état de prouver d'ailleurs que fa bannalité exiftoit avant que ces fortes de droits euffent été mis par les Réformateurs de la Coutume au nombre des fervitudes, dont on ne peut juftifier l'exiftence légale qu'à la faveur d'un titre ?

Q'on ceffe d'objecter que dans cette tranfaction le titre conftitutif de la bannalité de four dont il s'agit, n'a point été rappellé. Comme fi la tranfaction ne pouvoit pas elle-même au befoin être regardée comme un titre conftitutif? Car les Religieux de l'Abbaye de Saint Germain n'ont confenti dans cet acte à abandonner la bannalité de leur preffoir, leur droit de banvin & d'affoirage aux Habitans, & à moderer le cens qui leur appartient fur chaque maifon & fur chaque enclos du territoire de Surefne, que fous la condition expreffe & *fine quâ non* que tous leurs autres droits feigneuriaux, & notamment la bannalité de leur four, leur feroient confervés dans leur entier ; *ce qui a été accepté & confenti par lefdits Habitans de Surefne ;* ce font exactement les termes de l'acte. Par conféquent, au moyen de ce que cet acte eft fynallagmatique, & que toutes fes claufes ont entr'elles une telle liaifon, qu'il n'eft pas poffible de donner atteinte à l'une d'elles, fans renverfer du même coup toutes les autres, il s'enfuit que les Habitans de Surefne ne pourroient aujourd'hui contefter à l'Abbaye de Saint Germain-des-Prés la bannalité de four, dont l'abandon d'autres droits, de la part de cette Abbaye, a été le prix & la compenfation, fans anéantir toute la tranfaction. Et par une fuite néceffaire, l'Abbaye de Saint-Germain redeviendroit maîtreffe à fon tour de reclamer tous les droits par elle abandonnés dans cet acte, tels que celui de banvin, d'af-

foirage, de bannalité de preffoir ; elle pourroit auffi ,
de fon côté, en même temps revendiquer les cens à
elle dus dans Surefne, à la même quotité qu'elle étoit
en ufage de les percevoir avant la tranfaction de 1650.
Dans quel cahos les Parties ne fe trouveroient-elles pas
replongées, après avoir cherché à tout pacifier entr'elles par cette tranfaction ? Ne fuffit-il donc point
de préfenter les fuites d'un pareil fyftême, pour en
faire fentir l'inconféquence & l'abfurdité ? Oui fans
doute. Et pour en revenir au vrai, il fuffit que ce
foit une tranfaction, pour que les claufes qui y font
renfermées aient toutes une exécution ferme & per-
manente entre les Parties qui l'ont foufcrite & con-
fentie.

L'Abbaye de Saint Germain-des-Prés pourroit encore argumenter d'un grand nombre de Jugemens
intervenus dans différens Tribunaux contre ceux des
Bourgeois & Habitans de Surefne qui ont tenté fuc-
ceffivement de méconnoître la bannalité de fon four.
Mais pour ne point furcharger l'Inftance de pieces
furabondantes, elle s'eft contentée de produire une
Sentence rendue en fa faveur au Châtelet, le 3 Juin
1661, contre le nommé Lecocq, Boulanger à Surefne, portant défenfes à ce Boulanger d'avoir un
four chez lui & d'y cuire du pain. Dans cette Sentence fe trouve vifé un Arrêt de la Cour du 8 Février
1589, qui, par une premiere difpofition générale, a
maintenu les Religieux de Saint Germain-des-Prés
dans leur droit & poffeffion de four bannal fur tous
les Habitans de Surefne, & qui enfuite, par une fe-

conde

conde difpofition particuliere , a fait défenfes aū
nommé Chevalier de faire cuire du pain au four qu'il
avoit fait bâtir dans fa maifon à Surefne.

Il ne refte plus qu'à dire un mot , en finiffant , du
moyen de confidération dont les Habitans de Surefne
ont fait ufage , & qui fe réduit à dire qu'un feul four
bannal n'eft point en état de fournir la quantité de
pain néceffaire à Surefne , fur-tout dans certains temps
de folemnité, tel que celui de la dévotion du Calvaire.

A cela l'Abbaye de Saint Germain répond que
jamais , dans le fait , on n'a manqué de pain à Surefne ; d'autant que la plupart des Bourgeois ont des
abonnemens avec le Fermier du four bannal, moyennant quoi ils cuifent dans leurs mains ; & que d'ailleurs , pour la facilité du fervice public , il y a à Surefne , outre le four bannal ordinaire , un fecond
four de furcroît dans la même maifon , lequel ne fert
que dans les occafions extraordinaires , & notamment dans les deux huitaines de la dévotion du
Calvaire.

En vain les Habitans infiftent-ils à foutenir qu'il
eft des temps où le pain manque à Surefne. C'eft un
fait donc on leur défie d'adminiftrer la moindre
preuve. Ce font évidemment de leur part des clameurs
fauffes & vaines, qu'ils voudroient tâcher d'accréditer,
pour rendre défavorable la bannalité qu'ils ofent attaquer. Mais nous les réduifons *ad metam non loqui*, en
déniant formellement le fait par eux témérairement

C

& fauffement avancé à cet égard ; & en articulant le fait contraire.

C'eft pourquoi leur moyen de confidération ne doit pas faire plus d'impreffion que leur moyen principal. L'un & l'autre n'ont pas en effet plus de folidité. L'un eft appuyé fur un fait avancé fans preuve, & formellement dénié ; l'autre a pour bafe l'article 71 de la Coutume de Paris, qui, ayant été ajouté lors de la réformation de la Coutume, & y ayant été alors introductif d'un droit nouveau, ne peut fervir de loi pour une bannalité qui eft conftamment antérieure de plus d'un fiecle à l'époque de cette réformation. D'un autre côté, quand on jugeroit de la validité de la bannalité dont il s'agit, par la difpofition de ce même article 71, elle a tous les caractères qu'exige cet article, pour être confervée ; puifque d'un côté cet article n'exige pour cela qu'un aveu & dénombrement, pourvu qu'il foit antérieur de vingt-cinq ans à l'époque de la réformation de la Coutume, & que l'Abbaye de Saint Germain-des-Prés a plufieurs titres beaucoup plus anciens & beaucoup plus probans, par leur nature, que ne pourroit être un aveu & dénombrement. Elle a même un titre formel & pofitif, contradictoire avec la Communauté des Habitans de Surefne, dans la tranfaction du 19 Décembre 1650 ; enfin elle a en fa faveur l'autorité de la chofe jugée par plufieurs Sentences, & notamment par deux Arrêts folemnels & contradictoires qui l'ont formellement maintenue dans le droit de bannalité de four que les Habitans de Surefne ofent aujourd'hui lui contefter. Quels droits feigneuriaux pourroient donc être déformais affurés, fi celui dont il s'agit, étayé de titres de tant d'efpeces, n'étoit pas inébranlable?

SECOND OBJET.

Concernant la Voierie.

L'objet de la conteftation qui regarde la Voierie, fe trouve aujourd'hui bien fimplifié, au moyen de ce que les Habitans de Surefne font obligés de s'avouer vaincus, & dans le *Droit* & dans le *fait* : car ils conviennent enfin maintenant, dans le *Droit*, que la Voirie appartient aux Prieur & Religieux de S. Germain-des-Prés, comme un attribut effentiel de leur haute Juftice de Surefne, & dans le *fait*, que la poffeffion de ce droit de Voirie eft d'ailleurs établie fans replique par les titres multipliés que l'Abbaye de Saint Germain adminiftre à cet égard.

Toute leur reffource fe réduit donc à préfent à l'alléguation des prétendus abus dans l'exercice de ce droit, de la part des Officiers de Juftice de l'Abbaye.

Mais comme les Prieur & Religieux de Saint Germain-des-Prés font bien éloignés de vouloir autorifer jamais, ni directement, ni indirectement, aucuns abus de la part de leurs Officiers de Juftice, ils fe font exactement informés de ce qui fe pratiquoit habituellement à Surefne, relativement à l'exercice du droit en queftion ; & voici quel a été le réfultat de leurs perquifitions fur ce point.

Ils ont appris qu'on diftinguoit à Surefne, comme par-tout ailleurs, deux efpeces de fonctions dans la Voierie, celles de la grande & celles de la petite. Les fonctions de la petite Voierie font les permiffions pour les bornes, les auvents faillant en dehors, les feuils de portes, les foupiraux de caves, les ravalemens de maifons fur la rue, & autres menus ouvrages de cette nature. Ces fonctions de petite Voierie ont tou-jours été exercées à Surefne par le Voyer commis à cet effet de la part de l'Abbaye de Saint Germain-des-Prés, lequel perçoit pour chacune de ces permiffions un droit très-modique, qui lui tient lieu de gages.

Les feules fonctions de la grande Voierie, pour rai-fon defquelles il fe dreffe des procès-verbaux d'aligne-mens, & qui s'exercent par les Officiers de Juftice, font celles où il s'agit de conftruction ou de reconf-truction de murs, ou de bâtimens ayant face fur les rues & voies publiques ; & il n'eft pas poffible qu'une opération auffi importante que celle-là, pour l'a-grandiffement ou le redreffement des rues, foit con-fiée à d'autres qu'au Juge en perfonne. La préfence du Procureur Fifcal y eft auffi néceffaire ; parce que fon miniftere eft de veiller à tout ce qui peut avoir trait à l'utilité publique, & à faire conféquemment, à l'infpection des lieux, les obfervations & requifitions convenables à l'objet dont il s'agit. Or, voici quels font les émolumens que perçoivent, dans cette oc-cafion, les Officiers de Surefne.

1°. Pour la Requête au Procureur, y compris le papier & droit de Conseil . . . 1 liv. 12 f.

2°. Pour l'Ordonnance du Juge, au bas de cette Requête, à l'effet du transport 2

3o. Pour le transport du Juge & sa vacation au procès - verbal d'a-lignement 6

4°. Pour la vacation du Procu-reur Fiscal 4

5°. Pour celle du Voyer . . . 4

6°. Pour le Greffier, y compris l'expédition du procès-verbal d'a-lignement, & à l'exception du pa-pier feulement 6

TOTAL . . . . 23 liv. 12 f.

Quoique les Prieur & Religieux de Saint Germain-des-Prés foient inftruits que ce tarif n'eft point parti-culier à leur Juftice de Surefne, & qu'il eft le même dans toutes les Juftices des environs de Paris, c'eft à la Cour à le reformer, fi elle le trouve abufif en quel-ques points.

Mais on en impofe à fa religion, lorfqu'on ofe avancer qu'il fe fait des procès verbaux & des defcen-tes de Juftice, pour quelques-unes des fonctions de la petite voyerie, & notamment pour obtenir la per-miffion de faire les ravalemens. Les Habitans de Su-refne n'ont jamais répondu au défi que l'Abbaye de Saint Germain-des-Prés leur a perpétuellement fait,

dans le cours de l'Inſtance, de donner des preuves
de ce fait. Dans l'impuiſſance où ils ſont à cet égard,
ils ſe retranchent à préſenter pour exemple des malverſations qu'ils reprochent aux Officiers de Sureſne,
leur conduite dans la conteſtation préſente. Mais où
ſont-elles donc, ces malverſations prétendues ? Langot, Habitant de Sureſne, avoit obtenu un alignement pour reconſtruire un mur de clôture, donnant
ſur une des rues du Village, qui conduit à Ruel. Dans
la ſuite, il juge à propos de faire le ravalement entier
de ſa maiſon qui ne donne point ſur la même rue,
mais dont la face eſt ſur la grande rue de Sureſne ;
quod notandum. Comme il n'étoit queſtion ni de
près ni de loin de ce ravalement dans le procès-verbal d'alignement, Langot ne pouvoit pas embarraſſer
la voie publique par l'échaffaudage néceſſaire à cet
effet, ſans obtenir une permiſſion ou du Voyer ou
du Juge ; mais pour l'obtention de laquelle il n'étoit
nullement queſtion d'aucune procédure, ni de procès-
verbal. De ſorte que c'eſt, faute de s'être préſenté au
Voyer ou au Juge pour demander cette permiſſion
d'échaffauder, que Langot a été aſſigné en Police à
la Requête du Procureur Fiſcal, & a été condamné
en l'amende ; & rien n'eſt plus juſte que cette condamnation : car, 1°. dans la thèſe générale, nul ne
peut embarraſſer la voie publique par un échaffaudage,
ſans en avoir obtenu la permiſſion de l'Officier pré-
poſé à cet effet ; 2°. dans l'hypothèſe particuliere,
il pouvoit ſe faire que cette permiſſion fut refuſée,
ou du moins différée, comme dans le cas par exemple

où la rue se seroit trouvée déjà embarrassée par un autre échaffaudage de l'autre côté & vis-à-vis

Toutes les plaintes des Habitans de Suresne sur les abus prétendus dans l'exercice du droit de Voyerie à Suresne, sont donc, tant en général qu'en particulier, destituées non-seulement de tout fondement, mais même de tout prétexte.

Il en est de même de leurs clameurs sur le droit d'*assises*. C'est le troisième objet qui reste à discuter.

TROISIEME OBJET.

*Rélalif du droit d'*Assises.

Il y a d'abord, comme l'annoncent les Habitans de Suresne, deux especes d'assises.

Les assises de la premiere espece sont celles qui se tiennent par les Baillis Royaux, & auxquelles sont appellés tous les Juges du ressort, tant Royaux que Seigneuriaux.

Les assises de la Seconde espece sont celles que tiennent, dans quelques Coutumes, les Officiers du Seigneur féodal, pour y faire renouveller au Seigneur les déclarations de ses Vassaux ou Censitaires : elles s'appellent en Normandie, *pleige* ou *gage-pleige*.

Mais il y a en outre une troisième espece d'assise en usage dans plusieurs Seigneuries ; c'est une assise de grande Police, qui se tient par les Officiers du Seigneur haut Justicier, & à laquelle sont obligés d'assister tous les Habitans & bientenans de la Seigneurie,

pour y entendre entr'autres chofes la lecture des Réglemens de Police.

» Il y a (dit Dénizart , dans fa *Collection de Jurif-
prudence , au mot *Affifes*) » d'autres affifes que quel-
» ques Juges de Seigneurs font en poffeffien de tenir ,
» & auxquelles les Jufticiables , appellés par des affi-
» ches , font obligés de fe trouver , à peine d'une
» amende modique , s'ils n'ont une excufe légitime :
» l'objet de ces affifes eft d'inftruire les Jufticiables des
» Réglemens de Police , dont il doit leur être fait
» lecture , d'entendre & juger fommairement & fans
» frais , les plaintes qu'ils peuvent avoir à porter les
» uns contre les autres.

De Fremainville tient à-peu-près le même langage
dans fon *Dictionnaire de Police* , au même mot *Affifes*.
» Nous avons traité (dit-il) des affifes de Juftice dans
» le tome fecond de la Pratique Univerfelle des Ter-
» riers ; & nous avons établi le droit qu'ont les Seigneurs
» de faire tenir ces affifes par leurs Officiers de Juftice ,
» pour leurs propres intérêts, afin que l'on n'empiete
» point fur leurs Juftices... Outre cet objet (continue
le même Auteur) » il y en a encore un autre qui n'eft
» pas moins intéreffant , c'eft de faire publier dans
» ces affifes les Ordonnances & Réglemens de Poli-
» ce , afin que tous les Jufticiables apprennent ce qui
» leur eft défendu & ce qui leur eft ordonné, & foient
» informés des peines qu'encourent ceux qui y con-
» treviennent. »

Ainfi ce droit d'affife eft également à l'avantage du
Seigneur & à celui des Jufticiables. Il eft d'abord avantageux

tageux au Seigneur, en ce que la comparution de tous les Jufticiables à cette affife annuelle, conferve & affure l'étendue & les limites de fa haute Juftice vis-à-vis des Seigneurs hauts Jufticiers voifins. Combien voit-on en effet de conteftations rélatives aux bornes de plufieurs hautes Juftices limitrophes, où les procès-verbaux de ces tenues d'affifes annuelles ont été d'un très-grand poids, & ont même fervi de preuve pour faire adjuger la haute Juftice fur le canton litigieux à celui des Seigneurs contendants qui juftifioit en être en poffeffion par la comparution des Habitans de ce canton à fes affifes annuelles.

Ces affifes, d'un autre côté, ne font pas moins à l'avantage des Habitans ; 1°. en ce qu'on y fait lecture des Réglemens de Police qu'ils font habituellement obligés d'exécuter, & qu'ils ne peuvent conféquemment trop connoître ; 2°. en ce que, s'ils ont entre eux quelque petits différens fommaires, le Juge les vuide fur le champ, d'après un expofé verbal de part & d'autre, & fans aucune forte de procédure ni affignation préalable.

En vain voudroit-on énerver la force de la poffeffion immémoriale qui milite ici en faveur de l'Abbaye de Saint Germain-des-Prés, en caractérifant le droit d'affife en queftion de fervitude, qui, par cela même, ne peut être juftifiée que par titres. Car, fi cela étoit, quels droits Seigneuriaux feroient donc exempts de cette qualification odieufe ? Il n'y en a aucun qui ne tende à obliger les Sujets à faire ou à donner quelque

D

chofe à fon Seigneur ; ce qui induit une forte de coac-
tion, mais qui n'eft pas pour cela une fervitude ; puifque cette contrainte eft en général de l'effence de tout
droit Seigneurial, & même de tout droit actif quel-
conque. Mais, ce qui tranche toute difficulté, c'eft
que l'article 71, de la Coutume de Paris, dont il a
tant été queftion dans la premiere partie de ce Mé-
moire, a déterminé ceux, d'entre les différens droits
Seigneuriaux, qui doivent être regardés comme fervitudes, & que la feule poffeffion ne peut conféquemment établir légalement : ces droits Seigneuriaux font
feulement les bannalités & les corvées. Or, comme c'eft
un axiome de Droit, que *incluſio unius eſt excluſio
alterius*, il s'enfuit infailliblement que tous les autres
droits Seigneuriaux rentrent dans la thèfe générale,
& qu'ils peuvent conféquemment être établis autant
par la poffeffion que par titres.

Les Habitans de Surefne y ont-ils bien réfléchi
d'ailleurs, lorfqu'ils ont oppofé que leur affife étoit
préjudiciable aux travaux de la campagne, qui ne permettent aucune forte de retardement fur tout pendant
la moiffon ? Auroient-ils par hazard oublié que leur
canton eft un lieu de vignoble, & non pas un territoire à bled, qu'ainfi les travaux de la campagne à
leur égard ne peuvent être pour eux un prétexte de
fe difpenfer de fe trouver, le jour de S. Laurent, aux
affifes. Ceux d'ailleurs d'entr'eux qui auroient des
affaires vraiement indifpenfables, peuvent fe faire
excufer ; & l'excufe eft toujours reçue, pour peu
qu'elle foit valable, ou même fpecieufe.

Enfin , les Habitans de Surefne peuvent d'autant
moins fe fouftraire à ce droit d'affifes , qu'il eft général & univerfel dans tous les cantons voifins : à Bou-
logne , à Saint Cloud , & dans tous les autres Villages
d'alentour , il fe tient annuellement de pareilles affifes,
& dans la même forme qu'à Surefne. C'eft un fait
que les Prieurs & Religieux de Saint Germain avan-
cent avec confiance , & fur lequel les Habitans de
Surefne , qui en ont une parfaite connoiffance , n'o-
feront certainement point paffer jufqu'à une déné-
gation formelle.

Ainfi tout concourt à démontrer la légitimité du
droit d'affife dont il s'agit. Ce n'eft point d'abord un
droit particulier à Surefne ; il a lieu dans tous les cantons voifins. Il eft fondé d'ailleurs fur une poffeffion
immémoriale & non conteftée. Il n'eft nullement une
fervitude , puifqu'il eft également avantageux , &
aux Seigneurs & aux Jufticiables; c'eft proprement une
audiance de grande Police, qui peut d'autant moins être
onéreufe aux Habitans , qu'elle ne fe tient qu'une fois
l'an & un jour de Fête ; & , quoique ce jour de Fête
foit dans la moiffon , c'eft une circonftance indiffé-
rente pour les Habitans de Surefne , qui font pour la
plûpart Vignerons.

C'eft donc , fans aucuns motifs raifonnables , que
le Corps defdits Habitans , entraîné par la cabale im-
prudente de quelques uns d'entr'eux , s'eft porté à
rompre les liens de la paix avec fon Seigneur , relativement aux trois objets dont il s'agit. Le droit

de *bannalité de four* , celui de *voyerie* , & celui d'*affifes* qu'ils ont entrepris de contefter , font en effet appuyés fur des fondemens trop folides, pour qu'ils puiffent fe flatter d'y donner la moindre atteinte. Ainfi il ne leur reftera que le regret impuiffant de l'avoir tenté inutilement.

Monfieur l'Abbé F A R J O N N E L , *Confeiller Rapporteur.*

Mᵉ S A L L É , Avocat.

M A U L N Y , Proc.

De l'Imp. de KNAPEN, Pont S. Michel. 1768.

ADDITION AU MEMOIRE

POUR l'Abbaye de Saint Germain-dès-Prés.

CONTRE les Habitans de Surefne.

A l'effet de juftifier que *les articles 71 & 72 de la Coutume de Paris, font introductifs d'un Droit nouveau fur la Bannalité.*

Extrait du Procès-verbal de réformation de la Coutume de Paris.

» L ES 71ᵉ article commençant, *nul Seigneur,* & 72;
» commençant *le Moulin*, ont été accordés COMME
» COUTUME NOUVELLE POUR L'AVENIR , ET SANS
e PRÉJUDICE DU PASSÉ. Auxquels deux articles ledit
» Mᵉ Touffaint Barrin pour ladite Dame Madeleine
» de Savoie & Duc de Montmorency, s'eft oppofé,
» & a foutenu que le fait de poffeffion immémoriale
» eft recevable en droit de corvées & bannalités de
» fours, preffoirs & moulins à eau & à vent, pro-
» teftant que lefdits Dame & Seigneur Duc de Mont-
» morency uferont de leurs droits , ainfi qu'ils ont
» fait d'ancienneté comme étant confervés en iceux
» par le moyen de la préfente oppofition , dont il
» a requis acte , qui lui a été octroyé, pour lui

» fervir ce que de raifon : néanmoins ordonné que
» que lefdits articles demeureront écrits pour Cou-
» tume , fans préjudice de ladite oppofition ».

Monfieur l'Abbé **FARJONNEL**, *Confeiller-*
Rapporteur.

M° SALLÉ, Avocat.

MAULNY, Procureur.

De l'Imprimerie de KNAPEN, au bas du Pont S. Michel. 1768.

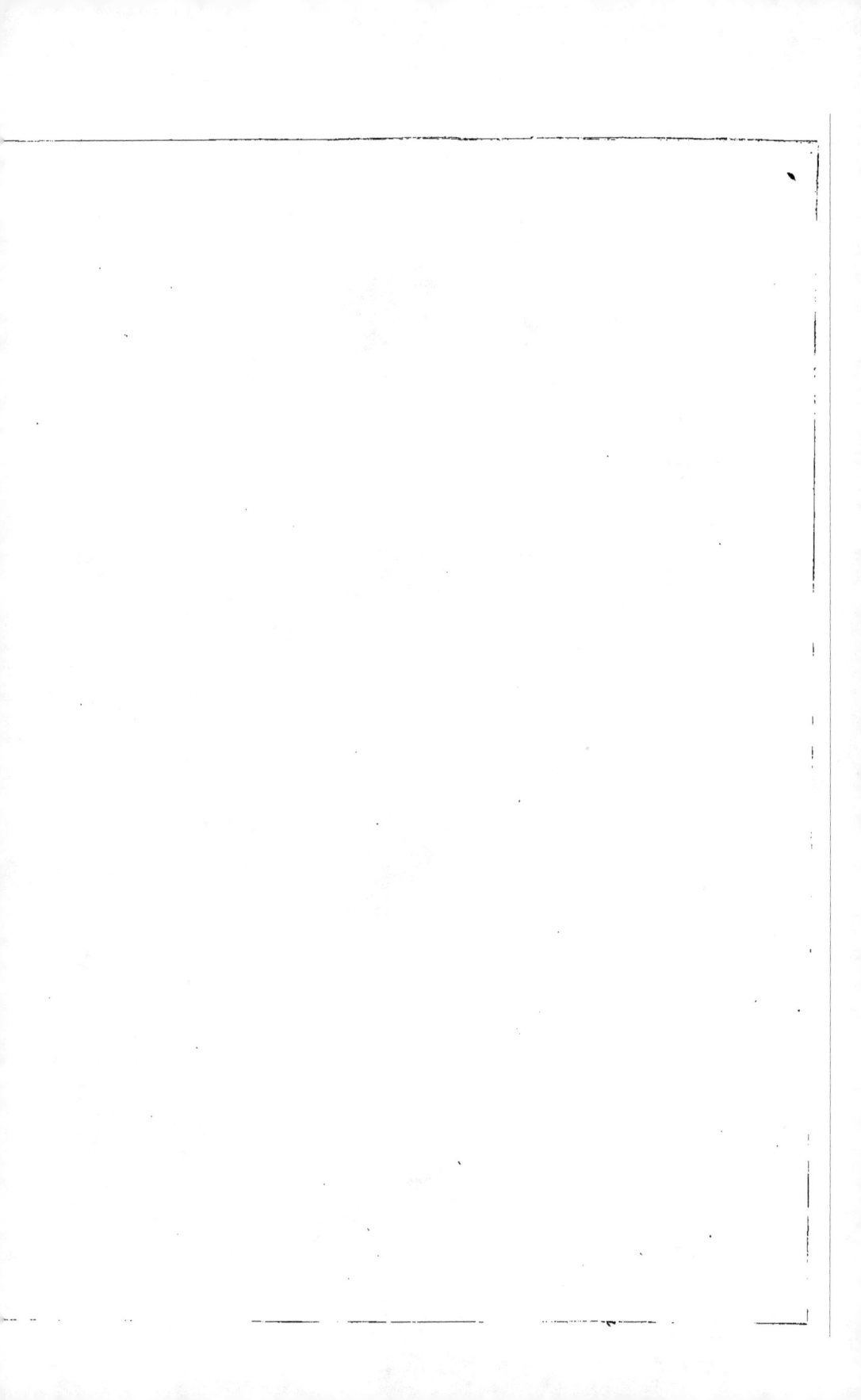